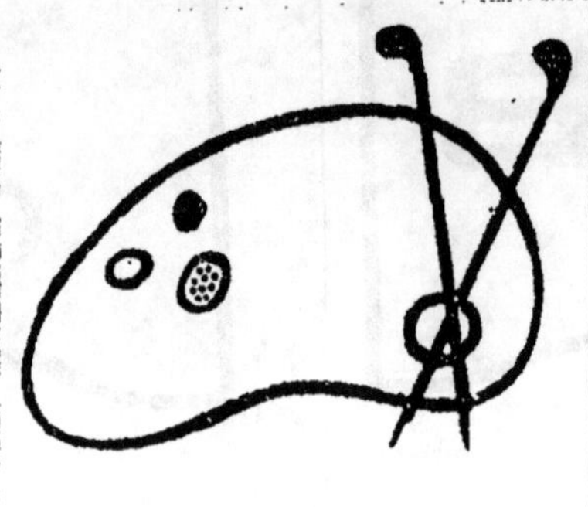

Couvertures supérieure et inférieure
en couleur

SOCIÉTÉ DE GÉOGRAPHIE DE LILLE

PALERME

SOUVENIRS DE VOYAGE

PAR

L. Quarré-Reybourbon
Secrétaire-général-adjoint de la Société de Géographie de Lille.

Conférence faite à Lille le 20 Mars 1892.

LILLE,
L. QUARRÉ, LIBRAIRE-ÉDITEUR,
Grande-Place, 64.
1892.

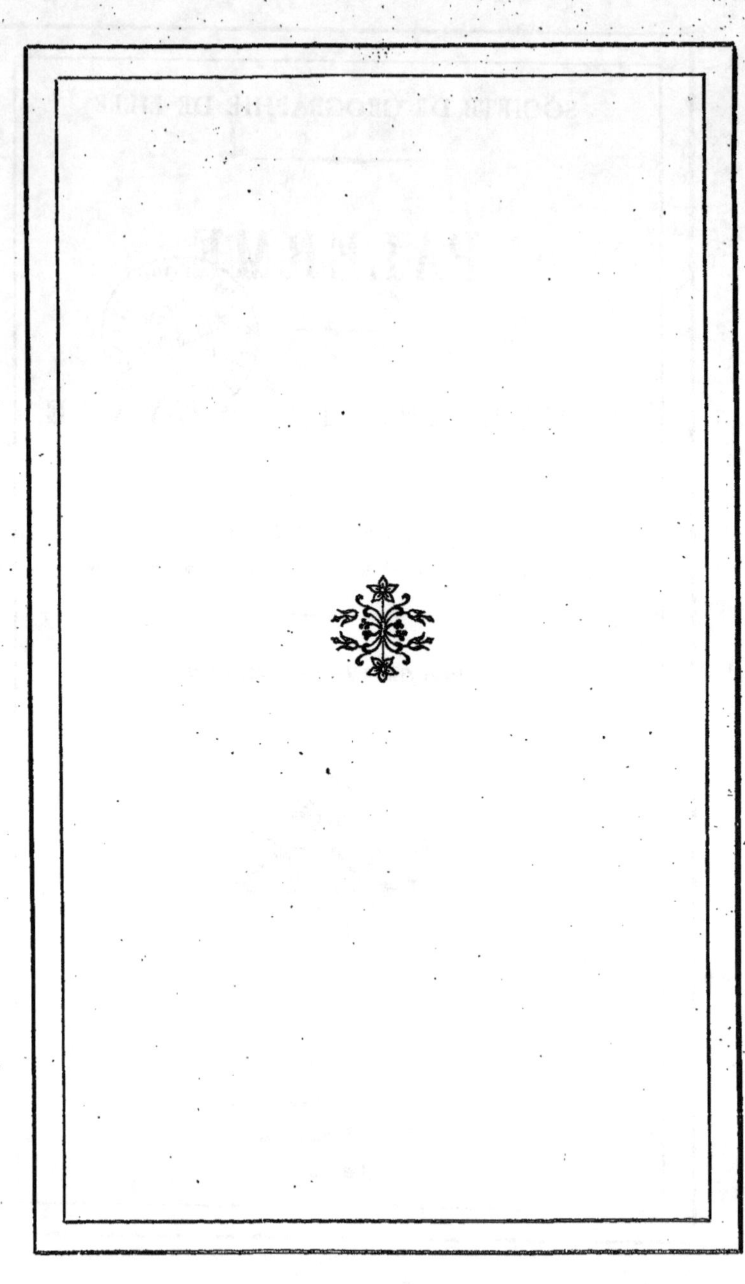

à Monsieur Léopold Delisle hommage respectueux
de l'auteur [illegible]

PALERME

PALERME

SOUVENIRS DE VOYAGE

PAR

L. QUARRÉ-REYBOURBON

Secrétaire-général-adjoint de la Société de Géographie de Lille.

Conférence faite à Lille le 20 Mars 1892.

LILLE,

L. QUARRÉ, LIBRAIRE-ÉDITEUR,

Grande-Place, 64.

1892.

PALERME

Mesdames, Messieurs,

Nous ne venons point faire une conférence ; mais tout simplement vous communiquer un résumé de notes recueillies en voyage. La plupart des touristes éprouvent, çà et là, des impressions que d'autres n'ont point ressenties, voient les hommes et les choses sous un aspect qui leur est spécial et se trouvent en des situations par lesquelles d'autres n'ont point passé. C'est surtout au point de vue anecdotique et au point de vue de ce qui nous a été personnel que nous vous présentons ces souvenirs.

Nous avons fait notre excursion avec un aimable et savant compagnon de voyage, qu'il nous suffira de désigner sous le titre d'auteur de l'*Histoire de l'art dans la Flandre, l'Artois et le Hainaut*. Ensemble, nous avons voyagé ; ensemble nous avons admiré ; il y a jusqu'à un certain point, entre nous et lui, communauté de pensées et d'impressions dans les pages qui suivent.

Notre intention était de vous présenter aujourd'hui la description de l'ensemble de la Sicile ; mais à cause de l'étendue du récit et du grand nombre des projections, nous avons cru devoir ne vous donner communication que d'une partie de notre voyage. Nous ne vous entretiendrons que de la traversée de Naples à Palerme et de la description de cette dernière ville.

Après être resté environ huit jours à Naples, il fallut nous arracher à ce séjour enchanteur, le mardi 14 avril 1891 à cinq heures de l'après-midi.

Du pont du bateau à vapeur *Il Leone*, nous jetâmes un dernier coup d'œil sur le magnifique panorama que présente la ville, sur les hauteurs, les palais, les couvents, les bois qui l'entourent, sur le Vésuve à l'aigrette de flammes et de fumée, sur les rivages demi-circulaires où se voient les maisons blanches de Castellamare et de Sorrente, de Pouzzoles et de Baïes, et sur les îles d'Ischia, de Procida et de Capri. Bientôt, nous arrivâmes sous l'un des promontoires de cette dernière île; Naples disparut, nous arrivions en pleine mer. Le tangage ne nous fut point funeste ; et même pendant la nuit, moment où la mer fut un instant assez agitée, nous n'éprouvâmes ni l'un ni l'autre le malaise que ressentirent plusieurs de nos compagnons de voyage.

A la table présidée par le capitaine où nous prîmes place vers six heures, se trouvait à côté de nous un Italien qui nous avait déjà plusieurs fois adressé la parole d'une manière très aimable. Durant le repas, il nous dit qu'il était allé deux fois en France. Et comme nous lui demandions en quelle région il s'était rendu, il nous répondit que c'était à Lille. Nous lui dîmes que nous résidions en cette ville, et il nous fit connaître qu'il était le chevalier Moroni et qu'il avait reçu une médaille d'or pour la musique d'une cantate composée en l'honneur de Notre-Dame de la Treille. Mon compagnon de voyage se rappelait très bien l'exécution de cette cantate pour laquelle avait été formé un chœur de plus de deux cents voix avec le concours de célèbres chanteurs de Paris; il s'était plusieurs fois trouvé à Lille avec lui ; et il lui remémora diverses circonstances qui avaient marqué son séjour en cette ville. Le chevalier Moroni est aussi distingué comme homme que comme musicien : nous fûmes heureux de causer avec lui pendant la traversée.

A la même table se trouvaient deux voyageurs, en qui nous avions facilement reconnu des Français et avec qui nous avions échangé quelques mots. L'un âgé d'environ quarante ans, offrant, en sa tenue et ses allures, les dehors de l'officier ; l'autre était un jeune homme de 23 à 24 ans, grand, svelte, blond, tout à la fois simple et distingué. Nous avions remarqué que le jeune homme avait un *guide*, relié en cuir de Russie et doré sur tranches, ce qui n'est pas ordinaire chez les touristes. Nous leur avions demandé s'ils avaient déjà voyagé, le plus âgé nous avait répondu qu'il était allé plusieurs fois en Algérie et le plus jeune qu'il avait déjà traversé le détroit de Messine. Réveillés de bonne heure le matin par le mouvement du navire et les plaintes de quelques-uns de nos voisins de cabine, nous montâmes sur le pont où nous trouvâmes les deux voyageurs français avec qui nous liâmes de nouveau conversation. Comme le jeune homme s'éloignait pour un instant, le plus âgé des deux lui dit au moment où il partait : Dans un instant, je serai près de vous, monseigneur. Ce dernier mot excita notre curiosité, et nous demandâmes si le jeune homme qui s'éloignait était un prince. — Oui, nous répondit-il. — Pourrions-nous savoir son nom ? — Certainement, nous dit notre interlocuteur : c'est le prince Henri d'Orléans ! — Comment, nous écriâmes-nous, le prince Henri. Le voyageur déjà célèbre, qui a fait, sur les hauts plateaux de l'Asie centrale, dans le Thibet et dans l'extrême Orient, le voyage dont il a été si souvent question dans les journaux ! — C'est lui-même ! — Ah ! nous serons bien heureux de pouvoir, quand il remontera sur le pont, lui présenter nos hommages !... Hier, quand nous lui demandions s'il avait déjà voyagé, il nous disait qu'il avait traversé le détroit de Messine, et c'est le voyageur qui a fait en Asie des découvertes importantes, celui qui a été acclamé à Paris et en Russie ! Quelle modeste simplicité unie à un nom illustre et au plus grand mérite personnel !

Quelque temps après, le jeune prince revint. Et nous lui offrîmes nos sentiments de respect et d'admiration. Il nous répondit avec la plus gracieuse simplicité, en disant à peine quelques mots touchant son expédition en Asie. Lorsqu'il sut que nous étions de Lille et que nous faisions partie de la Société de géographie de cette ville, il nous dit qu'il connaissait cette Société, l'une des plus importantes de France, et qu'il s'était trouvé plusieurs fois avec son digne et aimable président, M. Paul Crepy. Le jeune prince Henri d'Orléans se rendait en Sicile, pour y voir le duc d'Aumale qui s'y trouvait dans l'une de ses propriétés. Et, en effet, lorsque nous arrivâmes dans la rade de Palerme, le petit yacht à vapeur du duc était là, attendant le prince et son compagnon de voyage. Avant de partir, ils nous serrèrent cordialement la main et nous assurèrent, à la suite de la demande que nous leur en avions faite, que nous pourrions visiter les jardins du palais du duc d'Aumale qui sont l'une des curiosités de Palerme. La rencontre du prince Henri d'Orléans est certainement l'un des bons souvenirs de notre voyage.

Au moment où il nous quitta et où nous stoppions en rade pour attendre les barques qui vinrent chercher les voyageurs, il tombait une pluie torrentielle, de sorte que nous ne pûmes jouir du spectacle si beau que présentent le port et la ville de Palerme, sa célèbre conque d'or, ses bois d'orangers, de citronniers et d'oliviers, ses collines et surtout la *Monte Pellegrino* qui domine cette capitale de la Sicile.

La Sicile, au point de vue géologique, est l'extrémité de l'Italie; comme aspect, climat, végétation, population et monuments, c'est déjà la Grèce et l'Afrique. Les rivages de la mer Ionienne et cette mer elle-même offrent le ciel, les eaux et les sites de l'Attique et du Péloponèse. Sur les autres côtes et surtout dans les plaines et les vallées de l'intérieur la végétation est quasi tropicale : les hauts palmiers, les bananiers, la canne à sucre y croissent en pleine terre; le papyrus du Nil y incline sur les ruisseaux ses roseaux gigantesques. Nous y avons vu des giroflées hautes comme des arbustes, des orangers de la taille de nos grands arbres fruitiers, des forêts de citronniers, d'orangers, de lauriers répandant des parfums enivrants. Les terres, dès qu'elles sont ensemencées, produisent, presque sans être travaillées, de magnifiques récoltes; de nombreux troupeaux errent dans les pâturages et les montagnes. Çà et là des bancs de soufre qui forment l'une des principales richesses du pays. Et au-dessus de tout cela, le gigantesque Etna, le roi des volcans de l'Europe. Un grand nombre de peuples ont voulu établir leur domination en Sicile. Sans parler des populations primitives et des Sicules dont le souvenir est rappelé par les aventures des Dieux de la fable qui auraient eu la Sicile pour demeure, nous signalerons les Grecs, les Carthaginois, les Romains, les Ostrogoths, les Byzantins, les Allemands, les Angevins, les Aragonais, et bien d'autres qui se sont successivement établis en Sicile et dont plusieurs ont laissé dans les monuments des traces remarquables de leur séjour. Tout cela a donné et donne à la Sicile un caractère spécial, une véritable originalité. Quand on a visité l'ensemble de l'Italie on n'a pas une idée de la Sicile. Et pourtant beaucoup de voyageurs s'arrêtent à Naples et ne poussent point jusqu'en Sicile. Diverses raisons les en empêchent. La Sicile ne fait point partie de l'excursion classique réglementaire d'un voyage en Italie, et l'on croit, grave erreur, qu'après Venise, Florence, Rome et Naples, on ne trouve pas à admirer à Palerme, Agrigente et Syracuse. D'autres se préoccupent de ce qui se raconte au sujet du peu de propreté des hôtels en Sicile; sans doute, les *Albergi* n'y valent pas ceux de Naples, de Florence et de Milan; mais ils sont loin d'être aussi désagréables que l'on veut bien le dire. Enfin quelques-uns redoutent les brigands et l'association autrefois puissante désignée sous le nom de *La Maffia*; nous déclarons n'avoir rien vu ni rien entendu aux tables d'hôte où nous nous sommes trouvés avec beaucoup de voyageurs, qui pût nous faire croire qu'il y a quelque chose de sérieux dans cette dernière appréhension. Nous ne saurions trop conseiller à ceux qui font un voyage en Italie de réserver quelques jours pour faire une excursion en Sicile. Une semaine ou deux peuvent suffire.

Nous ne passâmes que deux jours à Palerme; mais, à l'aide de voitures, nous pûmes facilement visiter les monuments de la ville et des environs. Les rues de cette ville sont étroites et tortueuses, à l'exception de deux artères principales, la traversant dans toute sa longueur, qui sont droites et assez larges. Une foule nombreuse et animée circule dans les rues; on y remarque un grand mouvement de voitures, parmi lesquelles on distingue les charrettes des paysans et des marchands, petites boîtes carrées juchées sur de hautes roues jaunes et couvertes de peintures naïves et bizarres représentant des faits historiques, des aventures dont le sujet est emprunté aux romans du moyen-âge, aux légendes du pays et même assez souvent à l'histoire de Napoléon Ier et de Murat. Le palermitain passe indifférent devant ces charrettes qu'il est habitué à voir; mais l'étranger les regarde avec intérêt.

Il y a dans les rues et sur les places de Palerme un grand nombre de statues, d'obélisques, d'édifices publics et de portiques en marbre blanc qui donnent à la ville un aspect monumental. Ce qui attire surtout l'attention ce sont les églises. Nous ne parlerons point des églises relativement modernes, telles que celles des *Jésuites* et des *Dominicains* et celles de *Sainte-Catherine*, de *Sainte-Marie Della Catena*, de *l'Olivella* et de *Saint-Joseph des Théatins*, remarquables par leur richesse et trop souvent par le luxe et la surcharge de l'ornementation de leurs autels et surtout de leurs plafonds. Ce qui mérite d'être étudié, ce sont les églises anciennes, où, sous une restauration moderne, on trouve de curieux et importants restes de l'architecture byzantine, des constructions arabes et du gothique des Normands.

L'église de *Saint-Jean des Ermites*, présente une grande coupole flanquée de quatre autres coupoles plus petites, le tout peint en rouge et complètement dans le style byzantin; la partie de droite est formée du mur extérieur d'une mosquée arabe dont on visite les restes; et on y voit en outre un cloître de l'époque de transition, où le roman et le gothique se mêlent avec des rangées de doubles colonnes, du plus beau caractère et de l'aspect le plus pittoresque.

La *Cathédrale*, élevée sur les ruines d'une basilique romaine dont les Sarrazins avaient fait une mosquée, a été construite en 1185 et restaurée vers 1450. La façade principale, qui est au sud sur un des grands côtés, offre un mélange de style normand et d'ornementation mauresque, avec un porche élégant à trois ouvertures et un feston servant de couronnement qui découpe ses dentelures sur le ciel; la façade orientale est un riche spécimen d'architecture ogivale sicilienne; la crypte avec ses deux nefs à arcs en tiers-point et les arcades aveugles de ses murs est une construction de la fin du XIIe siècle. Malheureusement, un dôme du dix-huitième siècle gâte un peu ce magnifique ensemble qui présente un caractère, parfois disparate mais original, fantastique et imposant, et d'autant plus beau que la pierre et le marbre, au lieu de noircir, ont pris une nuance jaune très chaude. Le visiteur éprouve un véritable désappointement lorsqu'il pénètre dans l'intérieur de l'édifice; les colonnettes, les ogives, les mosaïques ont disparu sous le plâtre, le crépissage et le badigeon dont les a affublés un architecte du XVIIe siècle qui a transformé l'ornementation arabe et ogivale en une décoration de style néo-corinthien. Rien de plus désagréable que cette malheureuse transformation; c'est à peine si l'on peut se distraire un peu de ce sentiment pénible en admirant la somptueuse chapelle de Sainte Rosalie, la patronne de la ville, et les riches tombeaux en porphyre ou en marbre blanc, de Constance de Normandie, du roi Roger III et des empereurs Henri VI et Frédéric II.

L'église de la *Martorana*, bien qu'elle ait été aussi modernisée en certaines parties, a conservé des restes plus importants de l'époque normande. A l'intérieur, entre l'église et le clocher, se voient de curieuses mosaïques du commencement du XIIe siècle, représentant à droite le roi Roger, vêtu du costume byzantin et portant la dalmatique, couronné par le Christ, et à gauche le même prince comme fondateur de l'église, agenouillé aux pieds de la Sainte Vierge. Le campanile ou clocher présente quatre étages superposés, diminuant chacun en largeur, dont les fenêtres et les colonnettes révèlent l'architecture ogivale normande de la seconde moitié du XIIe siècle.

L'édifice le plus important de la ville de Palerme, au point de vue architectural, est la *Chapelle Palatine*, qui se trouve dans le *Palais royal*. Ce palais, édifice du XVIIe siècle qui n'a conservé, de sa première construction, qu'une tour ogivale normande, où se trouve l'observatoire, renferme la chapelle dont nous venons de parler. Cette chapelle, fondée vers 1152 par le roi normand Roger, est toute resplendissante de mosaïques, de marbres et de pierres dures. Le plan est celui d'une basilique à trois nefs surmontée d'une coupole. Les arceaux retombent sur des colonnes de granit à chapiteaux dorés. Des piliers de marbre rouge alternent avec les piliers de granit. Au-dessus du maître-autel, apparaît, scintillant d'un puissant éclat, une mosaïque qui montre le Christ enseignant et autour les évangélistes et des anges sur les bords d'une arcade ogivale. C'est rude et incorrect, mais très grand. On y voit le mélange singulier du byzantin, de la décoration sarrazine et du style ogival. L'ensemble fait penser à l'Alhambra ; et l'effet qu'il produit rappelle celui de la basilique Saint-Marc à Venise. Cette merveille fait tort aux appartements du palais royal, la salle du Parlement, la salle Pompéienne, le salon chinois, les appartements privés, et même à la Chambre du roi Roger où se trouve pourtant une mosaïque ancienne représentant une chasse.

La ville de *Monreale*, située à 7 kilomètres de Palerme sur une colline de 350 mètres d'altitude et à laquelle on arrive par une route abondante en points de vue des plus pittoresques et des plus grandioses, offre des monuments très importants de l'époque normande. La *cathédrale* construite vers la fin du XIIe siècle, dans le même style mais en des proportions plus vastes que Saint-Marc de Venise, est un des édifices les plus remarquables de la Sicile. C'est le monument le plus curieux de ce mélange du style byzantin, de l'art sarrazin, de l'ogival normand et du gothique italien, dont nous venons de parler. Extérieurement, il rappelle la façade principale de la cathédrale de Palerme, mais avec une abside décorée d'arcatures ogivales et de mosaïques qui lui donnent un caractère tout particulier. L'intérieur long de plus de 100 mètres et large de 40, est divisé en trois nefs séparées par 18 colonnes de granit oriental, à chapiteaux en marbre blanc, qui sont pour la plupart monolithes et antiques. Des arcs lancéolés, du style ogival rappelant le style mauresque, retombent sur ces chapiteaux. A partir de ce dernier ornement, toutes les surfaces jusqu'au plafond, sont couvertes de riches mosaïques représentant des scènes de l'Ancien et du Nouveau testament qui donnent à l'édifice une magnificence dont il est difficile de se faire une idée. Il y a 6,340 mètres carrés qui sont couverts de splendides mosaïques à sujets, sur fond d'or. Sur le fronton de l'arc qui sépare la nef du chœur, on remarque la Sagesse de Dieu, adorée par les anges saint Michel et saint Gabriel. Au fond de l'église, dans la demi-coupole de l'abside centrale est une figure colossale du Christ d'un effet puissant ; au-dessous, la vierge, des anges et des saints. Dans les absides latérales, sont les figures aussi plus grandes que nature de saint Pierre et de saint Paul, qui semblent vouloir rivaliser avec les plus belles statues de l'antiquité. Les autels, les stalles en bois, les tombeaux et les détails de l'ornementation sont intéressants quoique relativement modernes. Les plafonds, avec leurs poutres en or et en couleur sont de notre siècle ; mais ils s'harmonisent assez bien avec les mosaïques des artistes du XIIe siècle.

A quelques pas de la cathédrale, s'élève l'immense abbaye des *Bénédictins*. On y visite avec intérêt des restes de mosaïques et d'édifices du XIIe et du XIIIe siècle ; on y jouit, de la terrasse, d'un splendide panorama ; mais ce qu'on y admire, c'est le cloître, avec ses 216 colonnes aux fûts et aux chapiteaux variés à l'infini, avec son travail d'une élégance et d'une délicatesse qui ont été rarement atteintes. La célèbre *Merveille* du Mont Saint-Michel ne surpasse pas le cloître des Bénédictins de Monreale.

En revenant de Monreale, nous nous fîmes conduire à la villa *Tasca*, célèbre par sa végétation tropicale et par ses magnifiques plantations d'arbres ; à la *Ziza*, petit monument dans le style des chambres mauresques de l'Alhambra, où se trouve une source dont l'eau descend sur des gradins de marbre ; à *la Cuba*, monument analogue à demi en ruine comme le précédent, et enfin au couvent des *Capucins*. Le cimetière de ce couvent est une curiosité visitée par tous les voyageurs, mais bien lugubre : on y voit plus de 8,000 cadavres desséchés, encore revêtus d'habits, attachés ou couchés le long des murs, avec de petits cartons offrant le nom de la personne et la date de la mort. Il semble que ces yeux vides regardent celui qui les contemple et qu'on lise une pensée, une expression, sur les ossements de chacune de ces milliers de têtes. On a apporté les morts dans ce cimetière, depuis 1624 jusqu'en 1883.

Notre visite dans les jardins de la villa du duc d'Aumale fut plus gaie. Le duc, qui se trouvait à Palerme en ce moment, était souffrant et son neveu le prince Henri était absent au moment où nous nous y présentâmes. Mais l'ordre avait été donné de nous laisser voir les jardins ; et nous pûmes visiter une partie de ce parc immense situé à une extrémité de la ville, qui ne renferme pas moins de 50 hectares, et admirer ses plantations d'orangers et de citronniers, ses hauts rosiers taillés comme les buis et les ifs en nos jardins, ses lilas, ses palmiers grands comme nos arbres de haute futaie. Nous avions regretté de ne pas rencontrer le prince Henri à la villa ; nous regrettâmes plus encore de ne pas nous être trouvés à notre hôtel, lorsqu'il voulut bien y venir et nous y laisser sa carte.

Sans rappeler ici les promenades que nous fîmes à la *Marina* et la long des deux ports, à la *villa Flora* et au *jardin botanique*, nous signalerons quelques-uns des objets les plus remarquables du musée national. Les salles consacrées à la peinture sont loin d'offrir l'importance de celles que l'on admire à Florence, à Rome et dans quelques autres villes de la Péninsule ; mais mon érudit compagnon de voyage y trouva encore quelques œuvres de peinture de l'École flamande primitive. Voici les notes qui se trouvent sur son carnet de voyage :

« Le musée de Palerme renferme un certain nombre de tableaux » qui se rattachent à l'histoire de l'École flamande primitive. Dans la » salle de *Romano*, les N°s 47, 50 et 51 présentent les portraits de » trois saints, l'un pape, l'autre cardinal et le troisième évêque, qui » proviennent de l'ancienne église des Jésuites et qui sont de la main » d'Antonello de Messine. Ces trois portraits peints sur fond d'or, » offrant tout à la fois de la vigueur et de la finesse, d'un coloris » chaud et d'une teinte presque ambrée, sont conçus dans la manière » et dans la gamme de tons du flamand Jean Van Eyck. Ce sont, parmi » tous les tableaux d'Antonello de Messine que nous avons vus, ceux » qui établissent le mieux que ce peintre a étudié les œuvres de » l'auteur de l'*Adoration de l'Agneau*.

» Nous signalerons, dans la salle des Écoles diverses, les Nos 58 et » 160, deux *Adorations des Mages* qui nous ont rappelé les Van » Orley du musée de Bruxelles, le N° 61, *Pieta*, d'une exécution très » fine et de tons très clairs, qui semble être du milieu du XVIe siècle, » et le N° 64, autre *Pieta*, qui paraît appartenir à l'École de Roger » Van der Weyden. Ce dernier tableau a beaucoup souffert.

» Le trésor du musée de Palerme est la petite salle où se trouvent » les dons du prince Malvagna. Le N° 55, tableau représentant *La » Vierge et l'Enfant Jésus*, se rapproche, surtout par le coloris, de » l'École de Van Eyck. Le N° 58, consacré au même sujet, est attribué » à Memlinc. Le type de la Vierge et plusieurs têtes d'anges font » penser à ce maître ; mais l'ensemble et surtout le coloris permettent » de mettre en doute cette attribution. Quoi qu'il en soit, c'est une » œuvre de mérite.

» La perle du cabinet Malvagna et du musée de Palerme est le petit » triptyque conservé sous verre, sur un meuble, dans le fond de la » salle. La partie centrale représente la Vierge portant l'Enfant Jésus : » assise sur un trône orné de toutes les richesses du style ogival » flamboyant de la dernière période, Marie est revêtue d'une robe » rouge et ses longs cheveux blonds flottent sur ses épaules ; l'expres-

» sion de la figure est d'une admirable suavité. Rien de plus pieux, de » plus délicat. A ses pieds chantent plusieurs anges aux têtes ravis- » santes, groupe charmant qui n'est peut-être pas complètement » exempt de recherche. Sur l'un des volets Sainte Catherine » tenant un anneau et sur l'autre Sainte Dorothée portant des cou- » ronnes de fleurs, aussi avec quelques anges qui attirent le regard. » Le délicieux paysage, formant le fond, est exécuté avec une finesse » qui rend utile l'emploi de la loupe. On a attribué longtemps cette » œuvre à Jean Van Eyck, dont le coloris est tout autre ; on lui a » donné pour auteur Jean de Maubeuge, qui jamais n'a atteint l'éclat » et la finesse que l'on admire dans cette peinture. On n'y trouve point » la précision et la simplicité de Memlinc ; mais l'œuvre semble appar- » tenir à son école. Elle nous a rappelé les plus belles miniatures du » *Bréviaire Grimani*. Sur l'extérieur des volets sont représentés » Adam et Ève au moment du péché originel ; Adam a passé son bras » autour du cou d'Ève ; celle-ci tient à la main le fruit défendu. Le » Paradis terrestre est désolé par une affreuse tourmente : c'est une » page d'un grand caractère, aussi énergique que l'autre est char- » mante. Le triptyque du prince Malvagna est incontestablement l'une » des œuvres les plus finies et les plus brillantes de l'École flamande » du commencement du XVIe siècle, époque à laquelle, selon nous, il » a été exécuté. On s'est demandé si l'auteur de ce tableau ne serait » pas Corneille Engelbrechtsen. »

Le musée de sculpture est très intéressant à visiter. Après avoir signalé dans la première cour, comme souvenir, la colonne élevée en 1737 sur l'emplacement où ont été enterrés les Français massacrés aux vêpres siciliennes, nous rappelons qu'on y trouve des statues en marbre, des terres cuites, des mosaïques et un grand nombre d'autres objets de provenance grecque ou phénicienne, que l'archéologue voudrait avoir le temps d'étudier en détail. Peu de monuments antiques sont aussi beaux en eux-mêmes et aussi importants pour l'histoire de l'art que les métopes de Sélinonte qui sont conservées dans la salle de ce nom. Malgré l'état assez fruste dans lequel elle se trouvent, ces métopes peuvent donner une idée de la perfection avec laquelle les artistes grecs sculptaient leurs bas-reliefs. Les trois plus anciennes, qui représentent un quadrige, Persée tuant Méduse et Hercule, datant du VIe siècle avant notre ère, révèlent un caractère archaïque, mais un goût déjà sûr ; les quatre autres, consacrées aussi à des sujets mythologiques et datant du Ve siècle avant Jésus-Christ, dénotent un progrès remarquable ; elles se distinguent par la vérité, le fini, la noblesse et l'élégance. Les métopes de Sélinonte sont rangées parmi les morceaux les plus remarquables de la sculpture grecque. Des restes de couleur prouvent qu'elles étaient *polychromées* comme l'ensemble des temples de la Sicile : le savant archéologue Hittorf l'a établi d'une manière indiscutable.

Nous avons étudié avec soin ces chefs-d'œuvre, qui permettent de se faire une idée de la perfection à laquelle l'art était arrivé à Sélinonte ; nous n'allâmes point en cette ville, où, en dehors de quelques colonnes mutilées, plus rien n'est debout.

Outre les monuments que nous venons de décrire, il y a à Palerme, un certain nombre d'édifices et de promenades qui donnent à la ville un remarquable caractère. Tels sont les portiques et les statues des Quatre cantons dans le Corso Victor Emmanuel, la porte Felice sur le quai, la porte Neuve, la porte Garibaldi, un remarquable théâtre dont la construction n'est pas achevée, et la villa *Julia* avec ses magnifiques jardins.

Par son site, par son aspect, par ses monuments anciens et ses édifices modernes. Palerme doit être rangée au nombre des villes les plus intéressantes qu'un touriste puisse visiter..........

Je termine, Mesdames et Messieurs, en vous remerciant de la bienveillante attention que vous m'avez accordée. Si je me suis trouvé au-dessous de tant d'autres conférenciers qui m'ont précédé à la Société de géographie, je vous prie de m'excuser eu égard à ma bonne volonté.

Lille Imp. L. Danel.

[illegible], elles se distinguent par le [illegible], la noblesse et l'élégance. Les métopes de Sélinonte sont rangées parmi les monuments les plus remarquables de la sculpture grecque. Des restes de couleurs prouvent qu'elles étaient [illegible] de la Sicile. Un savant [illegible] Hittorff, [illegible] d'une manière [illegible].

Nous avons [illegible] qui permet [illegible] de la perfection à laquelle [illegible] ont atteint [illegible] plus tard [illegible].

[illegible]

[illegible] plus intéressant que [illegible].

[illegible]

www.ingramcontent.com/pod-product-compliance
Lightning Source LLC
LaVergne TN
LVHW010020230826
846092LV00002B/919

* 9 7 8 2 0 1 6 1 3 9 7 3 8 *